SALCHICHA TRAVELS TO ROME, ITALY

SALCHICHA TRAVELS TO ROME, ITALY

Book description:

Salchicha travels to Rome, Italy is the third book in a series of educational books written in Spanish and English. In this book, Salchicha discovers the wonderful city of Rome where its history and amazing beauty fascinates him. Salchicha visits museums and ancient buildings, walks through the city, and eats at wonderful Italian restaurants.

SALCHICHA VIAJA A ROMA, ITALIA

Descripción del libro:

Salchicha viaja a Roma, Italia es el tercer libro de una serie de libros educacionales escritos en español e inglés. En éste libro, Salchicha descubre la maravillosa ciudad de Roma, donde su historia e increible belleza lo fascinan. Salchicha visita museos y edificios antiguos, camina por la ciudad, y come en maravillosos restaurantes.

Salchicha Travels to Rome, Italy

Salchicha Viaja a Roma, Italia

AEROPORTO INTERNAZIONALE LEONARDO DA VINCI

SALCHICHA SLEPT LIKE A PUPPY.

SALCHICHA DURMIÓ COMO UN CACHORRITO.

3

SALCHICHA AND I HAD LUNCH AT CAFFÈ ROMA.

SALCHICHA Y YO FUIMOS A ALMORZAR AL CAFÉ ROMA.

WE VISITED THE CASTLE OF SAINT ANGEL.

VISITAMOS EL CASTILLO DE SAN ANGEL.

SALCHICHA AND I VISITED THE PANTHEON.

SALCHICHA Y YO VISITAMOS EL PANTEÓN.

WE TOOK PICTURES AT THE TEMPLE OF SATURN.

TOMAMOS FOTOS EN EL TEMPLO DE SATURNO

SALCHICHA AND I VISITED THE MODERN MUSEUM OF ART.

SALCHICHA Y YO VISITAMOS EL MUSEO DE ARTE MODERNO

SALCHICHA WAS A SENSATION AT MARIO'S ICE CREAM SHOP.

SALCHICHA FUÉ UNA SENSACIÓN EN LA HELADERIA MARIO.

SALCHICHA LOVED THE ARCH OF CONSTANTINE.

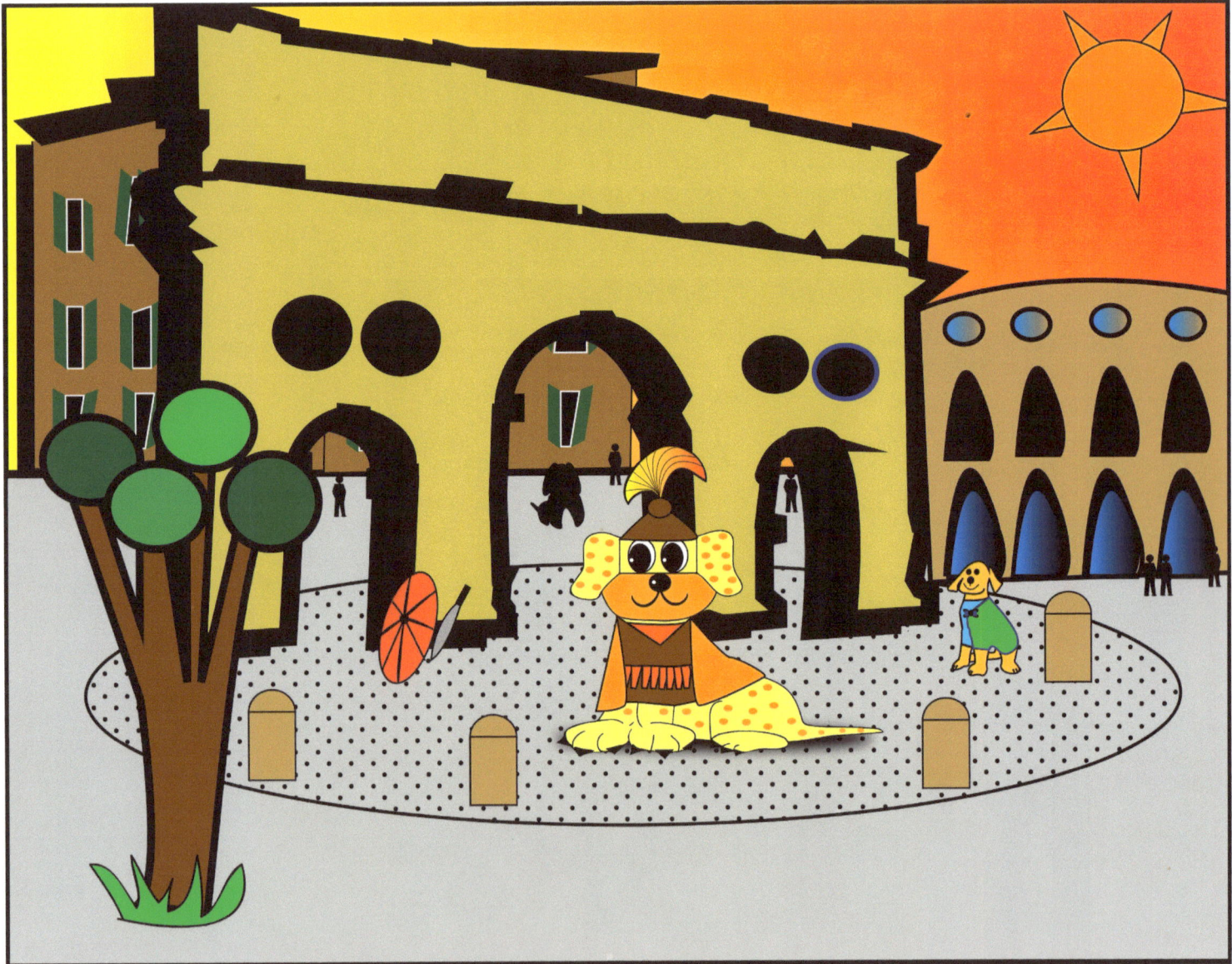

SALCHICHA SE ENAMORÓ DEL ARCO DE CONSTANTINOPLA.

SALCHICHA WAS INVITED TO PARTICIPATE AT A FASHION SHOW.

SALCHICHA FUÉ INVITADO A PARTICIPAR EN UN SHOW DE MODA.

WE WALKED THROUGH THE FAMOUS VILLA OF HADRIAN.

CAMINAMOS LA FAMOSA VILLA ADRIANA.

WE WALKED THROUGH THE GATE OF SAINT SEBASTIAN.

SALCHICHA Y YO ATRAVESAMOS LA PUERTA DE SAN SEBASTIAN.

SALCHICHA AND I WALKED ROME EVERYDAY.

SALCHICHA Y YO CAMINABAMOS ROMA TODOS LOS DÍAS.

WE ATE AT ROME'S FAMOUS PIZZERIA MAMMA MIA.

COMIMOS EN LA FAMOSA PIZZERIA ROMANA MAMMA MIA.

SALCHICHA AND I DROVE TO PORTA MAGGIORE.

SALCHICHA Y YO MANEJAMOS HASTA LA PUERTA MAYOR O PRINCIPAL.

WE MADE LOTS OF FRIENDS AT THE SPANISH PLAZA.

HICIMOS MUCHOS AMIGOS EN LA PLAZA ESPAÑA.

I DON'T KNOW HOW SALCHICHA GOT WET AT THE FONTANA DI TREVI.

NO SÉ CÓMO SE MOJÓ SALCHICHA EN LA FONTANA DI TREVI.

SALCHICHA LOVED VILLA BORGHESE PARK.

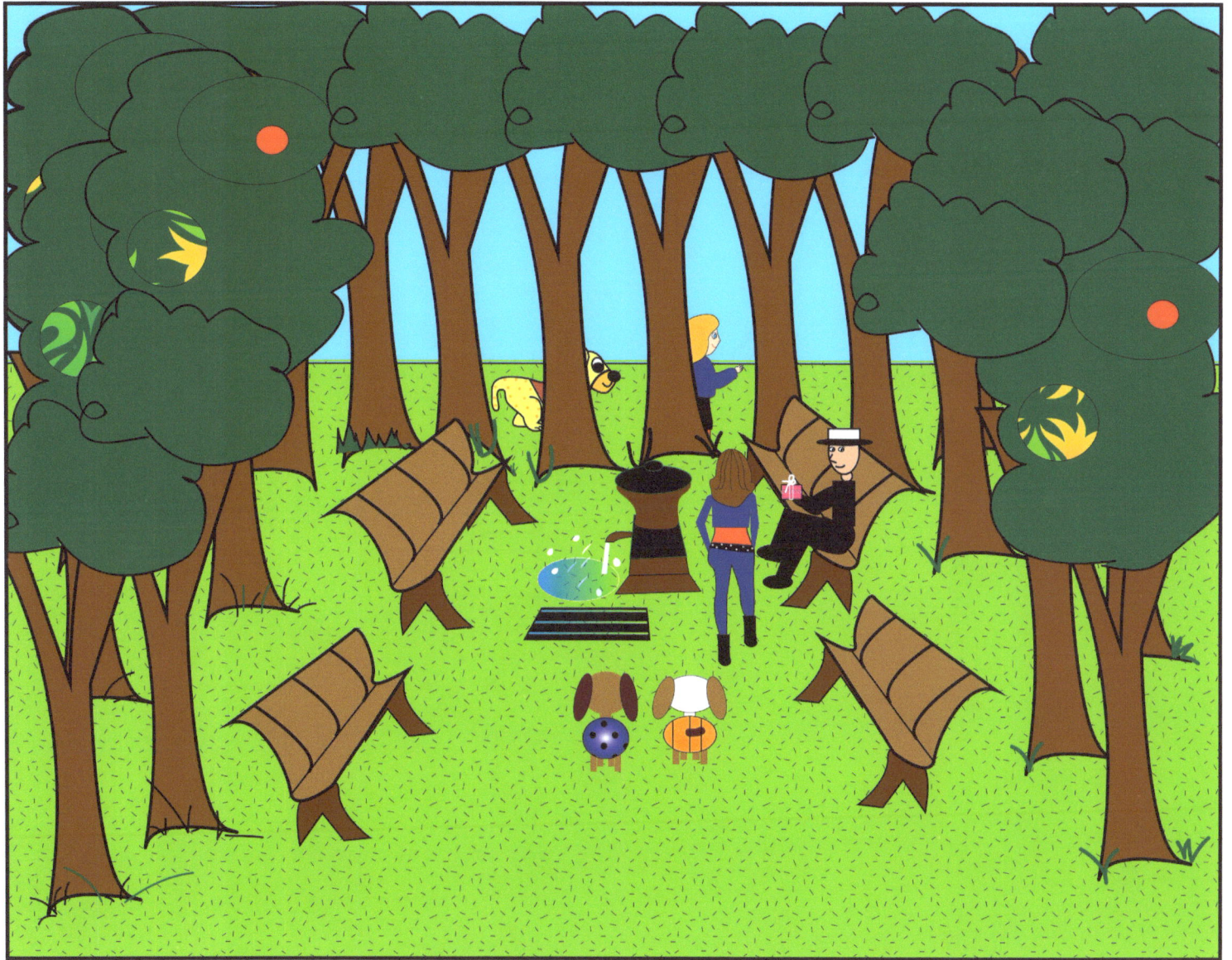

A SALCHICHA LE ENCANTÓ EL PARQUE VILLA BURGUESA.

WE WERE AMAZED BY THE PYRAMID OF CESTIUS.

NOS IMPRESIONÓ MUCHO LA PIRÁMIDE CESTIA.

WE HAD A LOVELY TIME RIDING ON A BOAT THROUGH THE TIBER RIVER.

LA PASAMOS MUY BIEN EN BOTE POR EL RÍO TIBER.

GRAZIE!

Merci!

Obrigado!

DANKE!

THANK YOU!

GRACIAS!

FROM SALCHICHA!

SALCHICHA'S

PHOTO

ALBUM

U.S.A.

FRANCE

ITALY

WELCOME TO LONDON, ENGLAND!!!!!!

THE END

www.ingramcontent.com/pod-product-compliance
Lightning Source LLC
Chambersburg PA
CBHW041222040426

42443CB00002B/56